# Le carré magique

## Patchwork et pliage

Bernadette Favre

*les éditions de saxe*

# Sommaire

## La technique du carré magique

## Les ouvrages

### La magie du gris



### L'ivresse du bordeaux



### Pleins feux sur la couleur

## Remerciements

La majorité des tissus vient de la mercerie Libre fil avec qui je travaille régulièrement :
cours de patchwork, broderie, pliages…
Libre fil, 55, avenue de Turin 73000 Chambery
Site : http://librefil.com/

Les poignées et anses de sacs sont disponibles sur mon site :
http://www.bernadette-broderie-costume.com/

Je remercie toutes les personnes qui m'ont aidée à réaliser ce livre, elles se reconnaîtront…

Magiquement
Bernadette


## Un jeu d'enfants

## L'affaire est dans le sac

*Par-delà les montagnes et les océans,*
*je vois les brodeuses, les canuts et les tisserands*
*faire valser leurs mains d'argent*
*sur des ouvrages qui traversent le temps.*

*Comment définir de telles merveilles*
*qui mettent nos sens en éveil,*
*nous plongent dans une rêverie sans pareil*
*et par-delà les années nous surveillent.*

*Comment ne pas admirer ces beautés*
*qui nous laissent sans voix, comme hébétés,*
*toujours à la recherche de nouveautés*
*ou d'ouvrages anciens oubliés.*

*Virginie Favre-Bottarlini*

# Note de l'auteur

**Le carré magique relève-t-il du patchwork ? Pas vraiment ! Couture, pliage, origami...**

Le carré magique est une nouvelle façon d'assembler des carrés de tissu pour réaliser rapidement plaids, dessus-de-lit ou sacs tout à fait originaux.
A la portée de tous, il est fait uniquement au point droit à la machine à coudre. Le résultat est étonnant.

La doublure se fait en même temps que l'assemblage, il n'y a donc pas de quilting. A partir de pliages sur le dessus du travail, vous pouvez obtenir un grand nombre de motifs géométriques : étoile, moulin à vent… et inventer de nombreuses formes différentes.

Tout cela sans aucun gabarit, à vous de laisser libre cours à votre imagination ou de vous inspirer des modèles présentés dans ce livre.

Les carrés de base étant calculés en fonction de la largeur du tissu (tissu patchwork en 110 cm de large), il n'y a pas de chute à part les lisières.
J'ai choisi des prénoms anciens de mon village pour identifier les nombreux sacs que j'ai créés.
J'ai été surprise par la quantité de formes originales que l'on peut réaliser avec seulement neuf carrés.

Mon fils Philippe, ébéniste, a réalisé toutes les poignées, les anses de sac et

les petits cœurs, que vous trouverez sur mon site internet : www. bernadette-broderie-costume.com

L'idée du carré magique a germé à la suite d'une journée de travail avec mon club. Il y a encore des découvertes à faire dans le monde du patchwork et je vous réserve d'autres surprises.

***Pas de gabarit, pas de quilting, pas de chute de tissu ; on n'est pas loin du bonheur !***

J'espère que vous prendrez plaisir à réaliser des nouveautés avec cette technique, il y a des jours où la couture devient carrément magique.

***Bernadette Favre***

# Bernadette Favre

## L'aiguille au bout des doigts

***Costumière traditionnelle, brodeuse, quilteuse, Bernadette Favre surprend par la richesse de son talent. Faisons connaissance avec cette artiste avec laquelle il faudra maintenant compter.***

Rosace en broderie ruban

« Je n'aime pas et ne sais pas parler de moi », s'excuse Bernadette Favre, en préambule de notre conversation. C'est donc petit à petit que cette artiste discrète va se confier de sa voix douce et mélodieuse de petite fille, et nous révéler son parcours à la fois atypique et multiple.

## Une costumière émérite

Diplômée de l'école des beaux-arts de Mâcon (Saône-et-Loire), spécialisation gravure sur métal, Bernadette a toujours cousu ses vêtements et ceux de ses trois enfants. Installée au fond de la vallée de la Maurienne (Savoie), elle réalise d'abord des écharpes en soie puis des robes traditionnelles pour la fête de son village de Bramans, le 15 août. Son travail est repéré et, le bouche à oreille aidant, des particuliers viennent régulièrement lui commander des costumes, des châles ou des coiffes. Forte de ce savoir-faire si particulier – elle est la seule costumière traditionnelle du

Pliages, broderie et tissus flockés

département – , Bernadette collabore aujourd'hui avec plusieurs régions de France et certains villages italiens, s'adaptant aux us et coutumes de ces contrées. Œuvrant à la main, un châle lui demande entre quinze et vingt heures de travail sur un gros motif de broderie et quinze heures supplémentaires pour la réalisation des franges.

## Une brodeuse et quilteuse autodidacte

Lorsqu'on lui demande si elle a pris des cours de broderie, Bernadette sourit malicieusement. « Je suis née avec une aiguille à la main et j'ai le sens pratique », avoue-t-elle. Attirée par les matières, les tissus, elle n'a jamais appris à coudre ni à broder. Elle observe des modèles de châles anciens, essaie de les refaire, invente de nouveaux points, notamment en broderie ruban… Tentée par le patchwork, Bernadette s'achète un livre ▶

et remet la main sur les cotons des vêtements de ses enfants jusque là conservés. Elle saute l'étape classique du traditionnel pour s'exprimer de façon tout à fait personnelle à travers des créations originales.
Sa préférence va aux pliages, elle qui n'aime rien tant que le volume dans l'art. Elle aime récupérer des tissus anciens, des draps, des carrés brodés pour leur offrir une nouvelle vie dans un patchwork qu'elle embellit souvent de broderies.
Depuis quatre ans, Bernadette anime le club de patchwork d'Hermillion, réputé pour ses expositions originales qui ont lieu tous les deux ans. Elle a à cœur d'y entretenir une bonne ambiance, exigeant de sa part comme de celle de sa vingtaine d'élèves de laisser tout problème personnel à la porte du club ! Voici deux ans que Bernadette leur fait partager sa passion pour la peinture textile. Elle réalise ainsi de superbes tableaux peints, brodés et cousus.

Robe traditionnelle de la Haute Maurienne (Savoie) à manches gigots et faux-cul. Le plastron et les poignets sont brodés à la main.

## Vers de nouveaux projets

Toujours en ébullition, Bernadette ne s'arrête jamais de penser et de créer, souvent dans le but de se faciliter le travail sans rien céder sur sa qualité. Un jour, parcourant en voiture les quarante kilomètres de distance entre son domicile et son club, elle eut l'idée exceptionnelle d'une toute nouvelle technique de patchwork : celle du carré magique, sans gabarit, sans chute de tissus, sans quilting ! Une révolution ? Vous en saurez plus en lisant ce livre. D'ici là, vous pourrez retrouver Bernadette dans la mercerie Libre Fil à Chambéry pour des cours de pliage : en une seule journée, elle vous aidera à réaliser un sac totalement original.

Châle en soie mélangée, brodé, perlé et frangé main

Appliqué japonais (dessin original de Bernadette)

# Avant de commencer

■ Tous les éléments du livre sont réalisés à partir de carrés.

Il y a trois tailles différentes, calculées en fonction de la largeur du tissu pour ne pas avoir de chute.

Toutes les fournitures sont données pour du tissu en 110 cm de large.

Il y a des carrés de :
- 21 cm pour les sacs
- 26 cm pour des pliages moyens.
Exemple : plaids, panneaux, etc.
- 35 cm pour des dessus-de-lit, tentures…
La dimension des carrés est indiquée au début de chaque explication.

■ Le carré magique se compose d'un dessus, d'un dessous (qui se verra aussi sur l'endroit) et d'un tissu intérieur.

Les tissus, endroit et envers, doivent être un peu contrastés, coton, flanelle, soie, tergal, lin… : tout ce qui ne glisse pas sous la machine et qui se plie facilement conviendra. Eviter tout de même les gros motifs bariolés car les pliages ne se verraient plus.

■ Le tissu intérieur donne de la tenue et de la solidité au carré magique.
On peut utiliser de la flanelle, du lainage, de vieux draps, du tissu d'ameublement ou du molleton pour des pliages plus moelleux.

■ Il faut adapter le tissu intérieur en fonction du résultat que l'on veut obtenir : solide, léger, chaud…

# La technique du carré magique

## ■ Coupe et couture du carré magique

■ Couper dans les tissus dessus et dessous des bandes de 21 ×110 cm. Repasser pour enlever les plis.

■ Poser une bande de chaque tissu endroit contre endroit. (**Photo 1**)

■ Couper des carrés de 21 × 21 cm. (**Photo 2**)

■ Manipuler les tissus avec précaution pour ne pas les décaler, cela évite de les épingler.
Coudre à 0,75 cm. Prévoir une ouverture de 10 cm environ sur le milieu d'un côté, commencer à coudre par une marche arrière d'1 cm et continuer au point droit tout autour du carré jusqu'à l'ouverture.

Photo 1

Photo 2

Photo 3

Photo 4

Finir par une marche arrière. La marche arrière du début et de la fin est importante car, une fois l'ouverture nette, les carrés sont retournés. (**Photo 3**)

■ Couper les angles au ciseaux ou poser les carrés en rosace et couper au cutter. (**Photo 4**)

■ Tissu intérieur : mesurer le côté d'un carré d'une couture à l'autre et enlever 5 mm, pour obtenir 19 cm.
Couper dans le tissu intérieur de son choix des carrés de 19 x 19 cm.

■ Poser le tissu intérieur sur le carré cousu, le coller légèrement aux 4 coins avec un trait de colle en bâton. On peut aussi utiliser de la colle repositionnable en aérosol. (**Photo 5**)

■ Retourner les carrés magiques, bien faire ressortir les angles, repasser à la vapeur en pliant correctement les bords de l'ouverture.

■ Préparer du voile thermocollant, couper sur la plaque avec le cutter des bandes de 10 cm environ et les recouper en quatre dans le sens de la longueur.

■ Insérer une bande de voile dans l'ouverture et repasser pour coller (suivre les indications du fabricant). (**Photo 6**).

■ Le carré magique est terminé. (**Photo 7**)

Photo 5

Photo 6

Photo 7

# La technique du carré magique

## ■ Assemblage des carrés magiques

Dans ce livre, tous les carrés magiques sont cousus de la même façon.

■ Prendre un papier clair un peu plus grand que le carré (coller plusieurs feuilles ou utiliser du papier cadeau à l'envers).
Poser un carré sur le papier et dessiner les contours au crayon ou au stylo.

■ Enlever le carré, mesurer la moitié des côtés et faire une marque. (**Photo 1**)

■ Poser un carré, endroit vers le haut, sur le papier et, à l'aide d'un crayon, tracer 2 lignes parallèles et en diagonale, en reliant les repères du papier. Les lignes de couture sont dessinées.

■ Marquer tous les carrés. (**Photo 2**)

■ Toutes les coutures se font sur l'endroit du tissu.
Poser 2 carrés magiques l'un sur l'autre envers contre envers et coudre au point droit en suivant le trait. (**Photo 3**)

■ Ajouter un autre carré à ceux déjà cousus et ainsi de suite, travailler en bandes.
La couture se fait dans le biais ce qui permet de bien ajuster le tissu en tirant légèrement.
Repasser, ouvrir les pliages. (**Photo 4**)

■ Prendre une bande de carrés cousus et tracer un trait qui relie le haut des coutures.
Ce sera la ligne d'assemblage.

■ Poser 2 bandes l'une sur l'autre envers contre envers et coudre en suivant le trait.

■ Attention : au passage des coutures, l'aiguille doit piquer une ou deux fois dans le vide, sinon il y aura une petite montagne quand l'ouvrage sera à plat. (**Photo 5**)

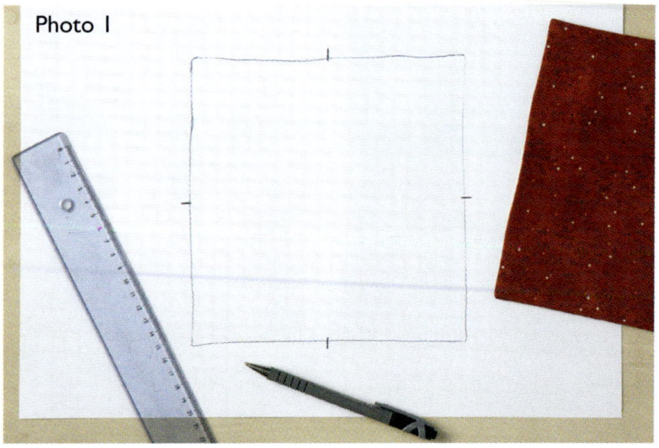
Photo 1

Photo 2

Photo 3

Photo 4

## ■ Pliages et couture de maintien

■ Quand 2 bandes ou plus sont assemblées, les pliages peuvent commencer.
C'est la partie la plus agréable du travail.

■ Choisir un modèle de pliage ou suivre le modèle présenté ici.

■ Poser les carrés magiques cousus sur la table à repasser endroit vers le haut.
Plier les triangles selon le modèle et les fixer avec une seule épingle, piquée en biais dans le tissu.
N'utiliser que des épingles qui supportent la chaleur.

■ Repasser à la vapeur. (**Photo 6**)

■ Enlever les épingles et faire une couture de maintien.
Celle-ci remplace le quilting, donne de la tenue à l'ouvrage et fixe les pliages.
Coudre à l'intérieur du pli, le pied-de-biche contre la pliure.
Cette couture ne doit pas être visible sur l'endroit, ne pas la faire dépasser du pli.
Changer le fil de canette qui doit être de la même couleur que l'envers du travail.
(**Photo 7**)

■ Travailler en ligne et faire plusieurs coutures parallèles.

■ Il y a des coutures de maintien horizontales et verticales. (**Photo 8**)

■ Couper tous les fils et terminer en fixant les pointes par un petit point zigzag très serré
Largeur du point : 3 cm. Longueur : 0,5 cm (**Photo 9**)

# La technique du carré magique

## Exemples de pliages

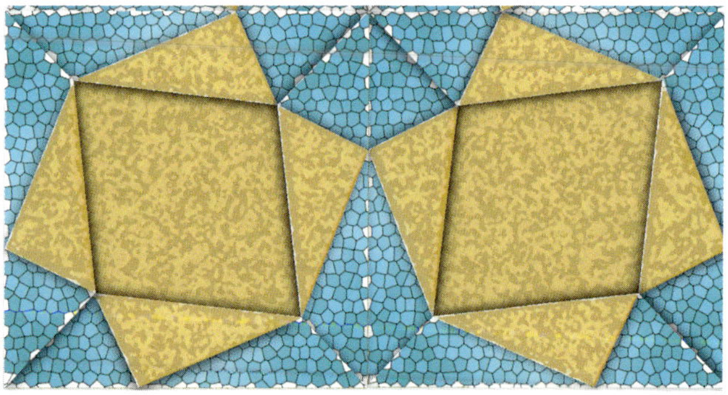

# La technique du sac magique

**Dimensions :** 24 x 35 cm environ (hors bandoulière)

## ■ Fournitures

45 x 110 cm de tissu clair (dont 10 cm pour la bandoulière)
35 x 110 cm de tissu vif
33 x 110 cm de tissu intérieur (coton, flanelle, drap, ce tissu ne se verra pas)
4 x 110 cm de tresse de coton (bandoulière)
1 fermeture à glissière de 25 cm
15 x 4 cm de voile thermocollant
1 crayon visible sur le tissu vif
Colle en bâton
Fils assortis aux tissus
Bouton ou petite déco (facultatif)
***Cœurs en bois disponibles sur le site www.bernadette-broderie-costume.com***

## ■ Marche à suivre

■ Dans le tissu clair, réserver 10 cm pour la bandoulière. Superposer le tissu clair et le tissu vif endroit contre endroit, couper 3 carrés de 35 x 35 cm.
Prendre 2 tissus (un clair et un vif, endroit contre endroit) et coudre à 0,75 cm du bord, tout autour, en laissant une ouverture de 15 cm environ sur le milieu d'un côté. Coudre les 3 carrés de la même façon. Couper la pointe des angles. (**Photo 1**)

■ Tissu intérieur : couper 3 carrés de 33 x 33 cm dans un tissu solide. Cela donnera de la tenue au sac.
Poser 1 carré de tissu intérieur sur un carré cousu, le coller aux 4 coins avec un trait de colle. (**Photo 2**)

Photo 1

Photo 2

# La technique du sac magique

■ Retourner les 3 carrés, bien faire sortir les angles, repasser.
Fermer l'ouverture avec du voile thermocollant (15 cm coupés en trois dans la longueur pour les 3 carrés.) Positionner 1 bande de voile dans l'ouverture et repasser. L'ouverture est collée. (**Photo 3**)

■ Marquer le milieu des côtés et tracer 2 diagonales parallèles sur chaque carré, ce seront les lignes de couture pour assembler les 3 carrés. (**Photo 4**)
Plier au fer 1 triangle sur 2 carrés en suivant les lignes tracées.

■ Placer la fermeture à glissière en soulevant la pointe de tissu pour cacher la couture.
Coudre avec le pied-de-biche contre la pliure. Laisser 5 mm au début et à la fin de la couture. (**Photo 5**)

■ Piquer les 2 côtés de la fermeture. (**Photo 6**)

■ Assembler le troisième carré aux 2 autres sur les lignes de couture.
On obtient un tunnel. (**Photo 7**)

■ Marquer le milieu des côtés et tracer un trait vertical, faire une marque au milieu de ce trait.
Coudre 2 épaisseurs bord à bord en rentrant l'extrémité de la fermeture et descendre jusqu'à la marque en suivant le trait. Terminer par un point d'arrêt. Cette couture est à faire 3 fois de chaque côté en prenant 2 épaisseurs de tissu. Cela ferme les côtés du sac. (**Photo 8**)

■ Rabattre toutes les pointes et fixer avec un point main ou machine (zigzag : 0,5 cm de long et 3 cm de large). (**Photo 9**)

■ Coudre un bouton ou une perle sur le devant du sac. (**Photo 10**)

Photo 3

Photo 4

Photo 5

Photo 6

Photo 7

Photo 8

**Bandoulière :** recouvrir la tresse de coton avec la bande de 10 cm de tissu.
Surpiquer deux ou trois fois. Régler à la bonne longueur. Faire une ouverture dans la couture de chaque côté de la fermeture, placer les extrémités de la bandoulière et recoudre.

**Petit plus :** on peut faire un nœud sur la bandoulière avant de la coudre, c'est très pratique pour attacher un mousqueton ou un bijou de sac.
Amusez-vous à plier différemment les deux grands triangles sur le devant du sac.

Photo 9

Photo 10

# La magie du gris

# Le dessus-de-lit

**Dimensions :** 2 x 2 m

## Fournitures

9,45 m x 110 cm de tissu gris moyen ou gris foncé
9,45 m x 110 cm de tissu clair
8,91 m x 110 cm de tissu intérieur pour la tenue
1 paquet de voile thermocollant (5 m) de 4 cm de large
Fil assorti aux tissus
1 crayon visible sur le tissu clair
Colle en bâton

## Marche à suivre

Couper et coudre 81 carrés de 35 x 35 cm (tissu intérieur 33 x 33 cm) en suivant les explications pages 10 et 11.
Coudre 9 bandes de 9 carrés suivant les explications page 12.

Assembler 2 bandes, faire les pliages, les coutures de maintien et les points de finition comme expliqué page 13.

Ajouter une troisième bande et faire les pliages, les coutures de maintien et les points de finition. Continuer ainsi en ajoutant les bandes une à une.

Rabattre les triangles de côté sur l'endroit et terminer les pliages et les finitions.

**Variante :** Pour rompre la monotonie, utiliser des tissus dégradés et jouer avec les couleurs.
Sur une grande surface comme un dessus-de-lit, il est possible de faire 2 ou 3 pliages différents.

# Le sac

**Dimensions :** 24 x 35 cm environ (hors bandoulière)

## Fournitures

45 x 110 cm de tissu clair
35 x 110 cm d'un tissu gris foncé
10 x 110 cm d'un autre tissu gris foncé (bandoulière)
33 x 110 cm de tissu intérieur (coton, flanelle, drap, ce tissu ne se verra pas)
4 x 110 cm de tresse de coton (bandoulière)
1 fermeture à glissière de 25 cm
15 x 4 cm de voile thermocollant
1 crayon visible sur le tissu vif
Colle en bâton
Fil assorti aux tissus
Bouton ou petite déco (facultatif)

## Marche à suivre

Se reporter aux explication du sac magique pages 16 et 17
Seules les couleurs du tissu changent.

# L'ivresse du bordeaux

# Sac Euphrosine

**Dimensions :** 24 x 38 cm

## Fournitures

42 x 110 cm de tissu imprimé
42 x 110 cm de tissu bordeaux
38 x 110 cm de tissu intérieur pour la tenue du sac
30 x 4 cm de voile thermocollant
1 paire de poignée disponible sur www.bernadette-broderie-costume.com
50 cm de ruban de 1 cm de large
Fil assorti aux tissus
1 crayon visible sur le tissu bordeaux
Colle en bâton

## Marche à suivre

Couper et coudre 9 carrés magiques de 21 x 21 cm en suivant les explications pages 10 et 11.
Coudre 3 bandes de 3 carrés magiques comme expliqué page 12.
Assembler les 3 bandes pour obtenir 1 bloc de 9 carrés.
Réaliser les pliages, les coutures de maintien et les points de finition sur les pointes en suivant les explications page 13.

Poser le bloc de 9 carrés endroit contre la table en suivant le **schéma 1.**

Plier en suivant les pointillés verts.

Remonter le carré de côté vers l'intérieur en suivant le **schéma 2.**

Coudre à 2 mm du bord les côtés de 2 triangles à angle droit. Répéter quatre fois.

Plier les rectangles d'ouverture en deux et fixer les poignées avec un ruban.

Ajouter une pression ou un aimant pour fermer le sac.

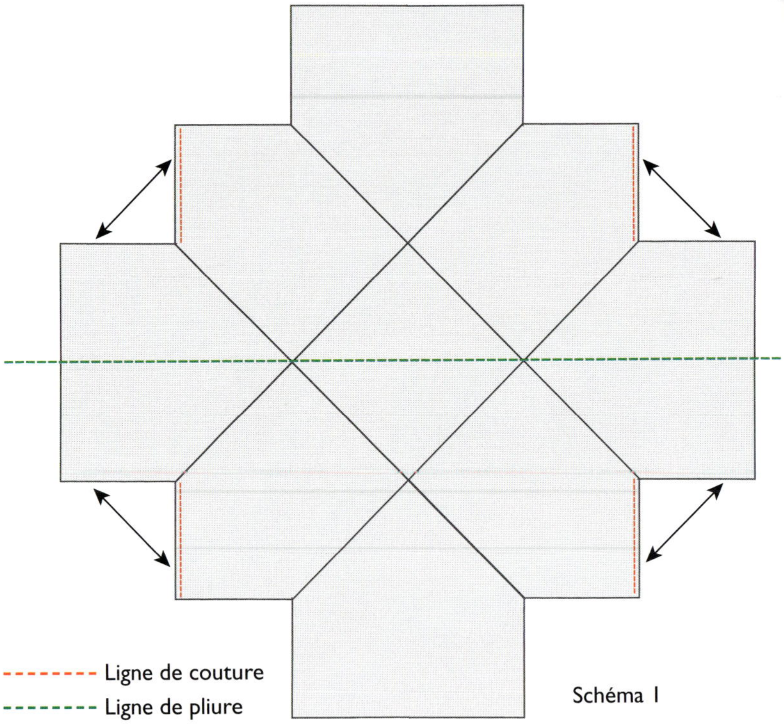


Schéma 1

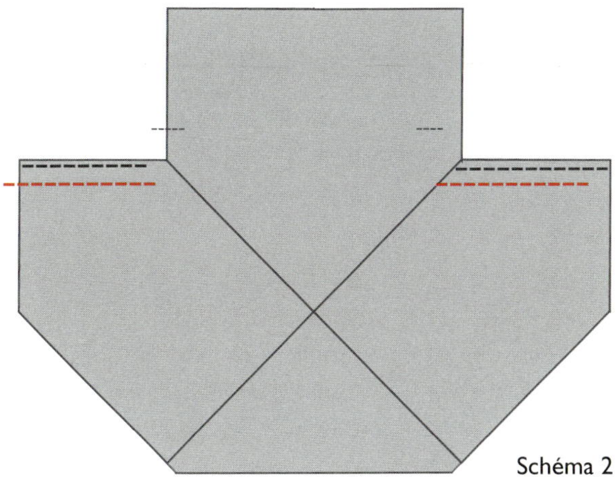

Schéma 2

# Le couvre-pieds

**Dimensions :** 164 x 120 cm

## Fournitures

4,20 m x 110 cm de tissu clair imprimé
4,20 m x 110 cm de tissu bordeaux
4 m x 110 cm de tissu intérieur pour la tenue du patchwork
1,75 m x 4 cm de voile thermocollant
Fil assorti au tissu
1 crayon visible sur le tissu imprimé
Colle en bâton

## Marche à suivre

Couper et coudre 35 carrés magiques de 35 x 35 cm (tissu intérieur 33 x 33 cm).
Laisser une ouverture de 20 cm, c'est ainsi beaucoup plus facile à retourner.
Voir les explications pages 10 et 11.

Assembler 7 bandes de 5 carrés selon les explications page 12.

Coudre 2 bandes de 5 carrés ensemble, faire les pliages, les coutures de maintien et les finitions (voir page 13).

Ajouter les bandes une par une et réaliser à chaque fois les pliages, les coutures de maintien et les finitions.

Pour suspendre un panneau de carrés magiques : rabattre sur l'envers les triangles du côté représentant le haut de l'ouvrage afin d'obtenir un tunnel pour le passage de la tringle.

# Pleins feux sur la couleur

# Panneau mural

**Dimensions :** 119 x 85 cm

## Fournitures

2,34 m x 110 cm de batik
2,34 m x 110 cm de tissu violet
2,16 m x 110 cm de tissu intérieur pour la tenue du patchwork
Voile thermocollant
Fil assorti au tissu
1 crayon assorti au tissu batik
Colle en bâton

## Marche à suivre

Couper et coudre 35 carrés magiques de 26 x 26 cm (tissu intérieur 24 x 24 cm) en suivant les explications pages 10 et 11.

Coudre 5 bandes de 7 carrés en suivant les explications page 12.
Coudre 2 bandes ensemble, réaliser les pliages, les coutures de maintien et les finitions, comme expliqué page 13.

Ajouter les bandes une par une et réaliser à chaque fois les pliages, les coutures de maintien et les finitions.

Choisir le côté qui sera suspendu, rabattre les triangles sur l'envers et fixer avec un point afin d'obtenir un tunnel pour le passage de la tringle.

Sur les 3 autres côtés, rabattre les triangles sur l'endroit puis réaliser les pliages et les finitions.

Pour un panneau à suspendre, le choix des tissus est très important ; utiliser un tissu qui change de couleur (dans le style du batik) donne beaucoup plus d'effet à l'ouvrage.

# Le sac Scolastique

**Dimensions :** 21 x 37 cm environ

## Fournitures

42 x 110 cm de tissu batik violet
42 x 110 cm de tissu bleu ciel
38 x 110 cm de tissu intérieur pour la tenue du sac
1 poignée en bois disponible sur
www.bernadette-broderie-costume.com
50 x 1 cm de ruban violet
30 x 4 cm de voile thermocollant
Fil assorti aux tissus
1 crayon visible sur le tissu violet
Colle en bâton

## Marche à suivre

Couper et coudre 9 carrés magiques de 21 x 21 cm en suivant les explications pages 10 et 11.
Coudre 3 bandes de 3 carrés magiques comme expliqué page 12.
Assembler les 3 bandes pour obtenir 1 bloc de 9 carrés.
Réaliser les pliages, les coutures de maintien et les points de finition sur les pointes en suivant les explications page 13.

Poser le bloc de 9 carrés endroit contre la table en suivant le **schéma 1.**
Plier en suivant les pointillés verts.

Remonter le carré de côté vers l'intérieur en suivant le **schéma 2.**

Coudre en diagonale en suivant les pointillés rouges ; répéter quatre fois.
Rabattre les triangles et les fixer à la main. C'est le seul modèle pour lequel il est nécessaire de coudre à la main car il est difficile d'accès à la machine.

Couper 5,5 cm de tissu sur 1 rectangle à l'ouverture du sac.

Faire un rentré de 5 mm et surpiquer au bord ; faire également un rentré de 5 mm sur le morceau coupé et surpiquer au bord.

Réunir ces 2 morceaux bord à bord et coudre sur 2,5 cm à chaque extrémité avec un point zigzag serré. L'ouverture pour passer la poignée du sac est réalisée. Recouvrir la couture en zigzag avec 5 cm de ruban.

Plier le rectangle restant en trois, coudre 2 rubans de 20 cm aux extrémités et nouer la poignée.

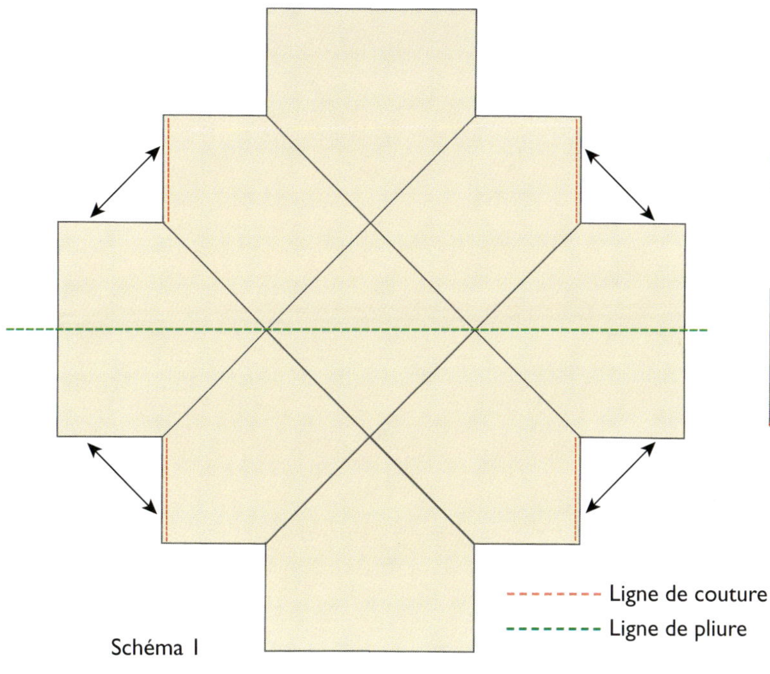


Schéma 1

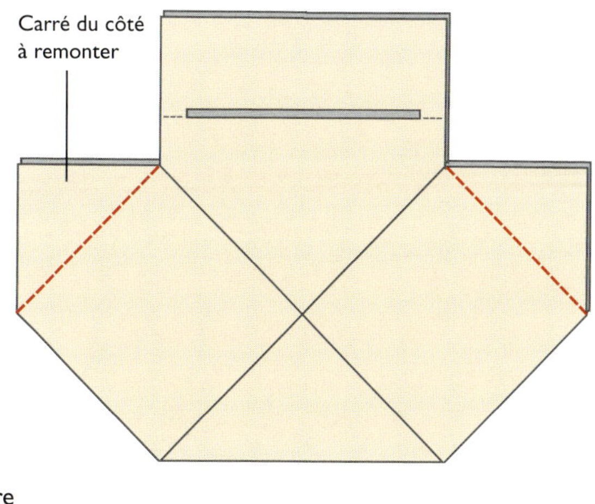


Schéma 2

# Le baluchon de Siphorose

**Dimensions :** 28 x 38 cm environ (hors anse)

## Fournitures

89 x 110 cm de tissu clair
89 x 110 cm de tissu batik
76 x 110 cm de tissu intérieur
4 anneaux en bois (rayon ameublement)
50 x 4 cm de voile thermocollant
Fil assorti aux tissus
1 crayon visible sur l'endroit du tissu
Colle en bâton

## Marche à suivre

Réserver 5 x 110 cm de tissu clair et 5 x 110 cm de tissu batik pour la bandoulière.

Couper et coudre 20 carrés magiques de 21 x 21 cm en suivant les explications pages 10 et 11.
Assembler 5 blocs de 4 carrés magiques, en suivant les explications page 12.

Prendre 1 bloc de 4 carrés magiques, celui-ci sera le bloc central.
Coudre 1 bloc sur chacun des côtés du bloc central pour obtenir une croix, selon le **schéma.**

Repasser.

Faire les pliages, les coutures de maintien comme expliqué page 13 et les coutures de finition sur les pointes.

Positionner le travail suivant le schéma, tracer un trait au crayon sur l'endroit en suivant les pointillés rouges (ligne de couture). Assembler en suivant les flèches noires, épingler et coudre en suivant le trait de crayon.

Coudre les 4 côtés, faire les pliages, les coutures de maintien et les points de finition sur les triangles des côtés.
Enfiler un anneau sur un triangle et coudre la pointe avec celle du triangle voisin (répéter quatre fois).

**Bandoulière :** prendre les 2 bandes de 5 cm, les coudre endroit contre endroit, retourner, repasser et surpiquer trois fois.

Passer la bandoulière dans les anneaux, ajuster la longueur et fermer.

**Variantes :** les anneaux peuvent être en métal si le tissu glisse bien à l'intérieur.
La bandoulière, pliée en deux, est assez grande pour être portée à l'épaule, c'est alors très pratique.

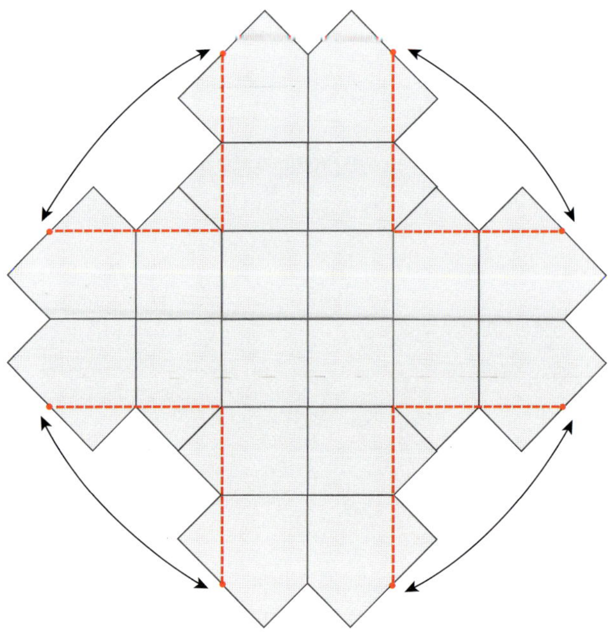

-------- Ligne de couture

# Un jeu d'enfants

# Le dessus-de-lit enfant

**Dimensions :** 120 x 82 cm

## Fournitures

2,31 m x 110 cm de tissu à pois
2,31 m x 110 cm de tissu jaune
2,10 m x 110 cm de tissu intérieur
2,10 m de voile thermocollant
Fil assorti au tissu
1 crayon visible sur le tissu jaune
Colle en bâton

## Marche à suivre

Couper et coudre 54 carrés magiques de 21 x 21 cm en suivant les explications pages 10 et 11.

Assembler 9 bandes de 6 carrés magiques en suivant les explications page 12.

Coudre 2 bandes ensemble, réaliser les pliages, les coutures de maintien et les finitions comme expliqué page 13.

Ajouter les bandes une par une et réaliser à chaque fois les pliages, les coutures de maintien et les finitions.

Pour finir, rabattre les triangles de côté sur l'endroit et terminer les pliages et les finitions.

**Variante :** on peut très bien faire 2 pliages différents sur un même patchwork : moitié/moitié ou une étoile au centre et un pliage différent autour…

# Le nid à doudou

**Dimensions :** 14 x 39.5 cm

## Fournitures

42 x 110 cm de tissu à pois
42 x 110 cm de tissu jaune
38 x 110 cm de tissu intérieur
23 cm x 4 cm de voile thermocollant
Fil assorti au tissu
1 crayon visible sur le tissu clair
Colle en bâton

## Marche à suivre

Coudre 6 carrés magiques de 21 x 21 cm en suivant les explications pages 10 et 11.
Assembler 2 bandes de 3 carrés en suivant les explications page 12.

Coudre ces 2 bandes ensemble et réaliser les pliages, les coutures de maintien et les finitions comme expliqué page 13.

Placer le bloc de 6 carrés endroit contre la table en suivant le schéma.

Assembler les côtés des triangles sur l'endroit en suivant les flèches noires du schéma.

Epingler et coudre sur l'endroit au bord du tissu en suivant les pointillés rouges.

Coudre de chaque côté de l'ouverture en suivant les pointillés noirs du schéma pour fermer le nid.

Rabattre les 4 triangles de l'ouverture sur l'extérieur, terminer les pliages et les finitions.

**Variante :** ce modèle peut aussi faire office de jolie corbeille pour les produits de bébé. Il suffit alors d'ajouter une anse pour la transporter.

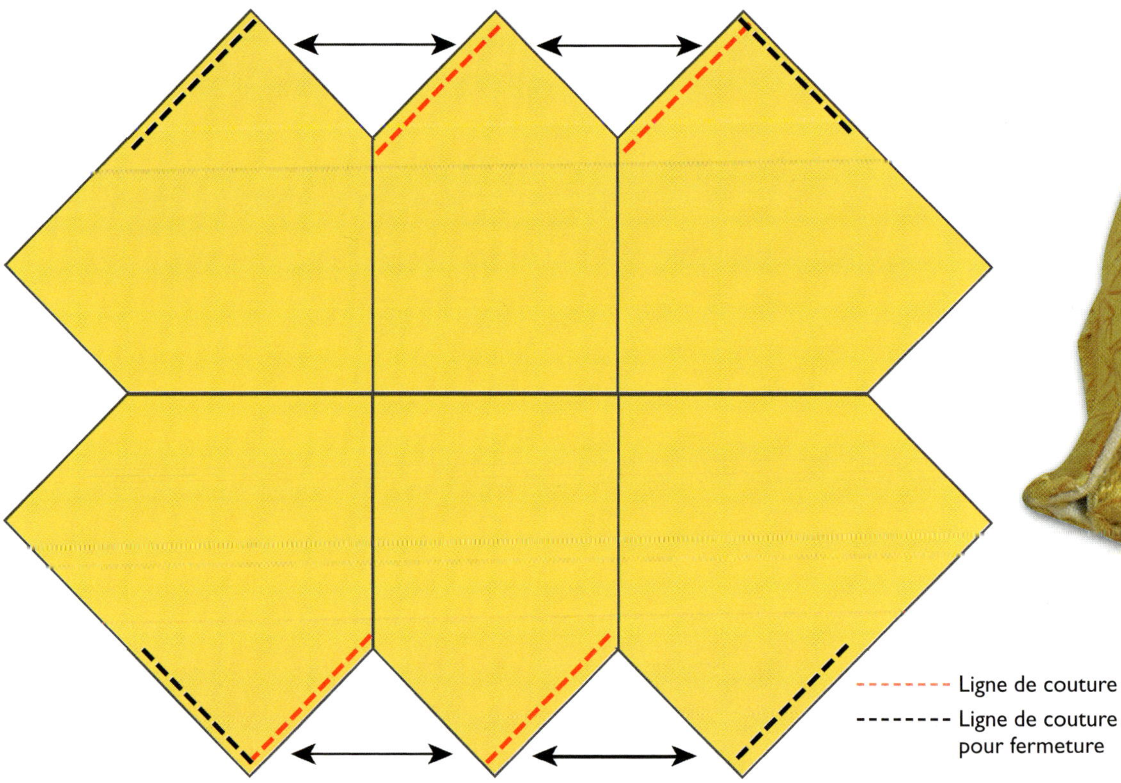

# L'affaire est dans le sac

# Le sac de Véronique

**Dimensions :** posé à plat 27 x 38 cm environ (hors bandoulière)

## Fournitures

49 x 110 cm de tissu écru imprimé
42 x 110 cm de tissu faux uni brun
38 x 110 cm de tissu intérieur pour la tenue du sac
1 fermeture à glissière de 40 cm
1 m de tresse de coton de 3 cm de large pour la bandoulière
30 x 1 cm de voile thermocollant
Fil assorti aux tissus
1 crayon visible sur le tissu violet
Colle en bâton
***Perle cœur en bois disponible sur www.bernadette-broderie-costume.com***

## Marche à suivre

Réserver 7 cm de tissu écru imprimé pour la bandoulière.

Couper et coudre 9 carrés magiques de 21 x 21 cm en suivant les explications pages 10 et 11.
Coudre 3 bandes de 3 carrés magiques comme expliqué page 12.
Assembler les 3 bandes pour obtenir 1 bloc de 9 carrés.
Réaliser les pliages, les coutures de maintien et les points de finition sur les pointes en suivant les explications page 13.

Poser le bloc de 9 carrés endroit contre la table et le positionner en suivant le **schéma.**

Sur un côté, épingler 2 triangles sur l'endroit en suivant les flèches noires et coudre sur l'endroit à 2 mm du bord.
Epingler et coudre le triangle suivant.
Assembler, en suivant les flèches noires, le côté opposé toujours sur l'endroit, afin d'obtenir un tunnel.

Plier en suivant la ligne verte du **schéma** et poser la fermeture à glissière à ras du bord comme expliqué page 16.
Coudre les ouvertures des côtés sur l'endroit en suivant les flèches du **schéma.**

Recouvrir la tresse de coton avec le tissu écru imprimé, surpiquer deux fois, ajuster la bandoulière et la fixer sur les côtés du sac.

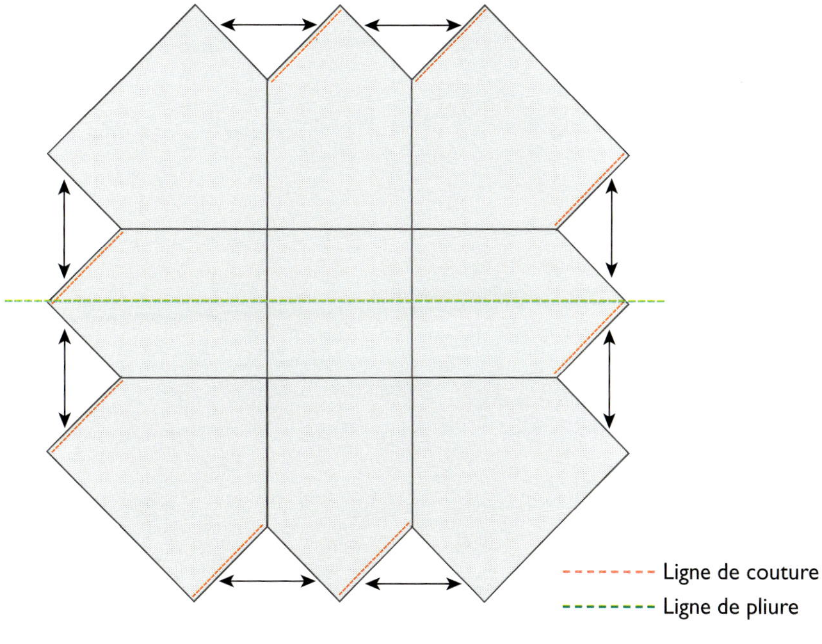
Ligne de couture
Ligne de pliure

# La pochette de Véronique

**Dimensions :** 14 x 20 cm environ

## ■ Fournitures

2 carrés de 21 x 21 cm de tissu écru imprimé de fleurs
2 carrés de 21 x 21 cm de tissu faux uni brun
1 fermeture à glissière de 15 cm
10 x 4 cm de voile thermocollant
Fil assorti aux tissus
1 crayon visible sur le tissu

## ■ Marche à suivre

Réaliser 2 carrés magiques de 21 x 21 cm en suivant les explications pages 10 et 11.
Il n'y a pas de tissu intérieur pour les pochettes.

Pose de la fermeture : marquer la moitié de 2 côtés sur 1 carré, tracer un trait, plier au fer sur le trait, poser le pli sur un côté de la fermeture, épingler à l'intérieur du pli et coudre. (**schéma**)
Se reporter page 16 photos 5 et 6.
Coudre le deuxième carré de la même façon sur l'autre côté de la fermeture.

Marquer la moitié des 2 grands côtés restants, tracer un trait horizontal.
Faire une marque à la moitié des pointes de côté et tracer un trait vertical, suivre les pointillés rouges du **schéma**.

Coudre à partir de la fermeture au bord du tissu et faire une couture tout autour.

Rabattre toutes les pointes sur l'endroit de chaque côté de la pochette et fixer avec un point.

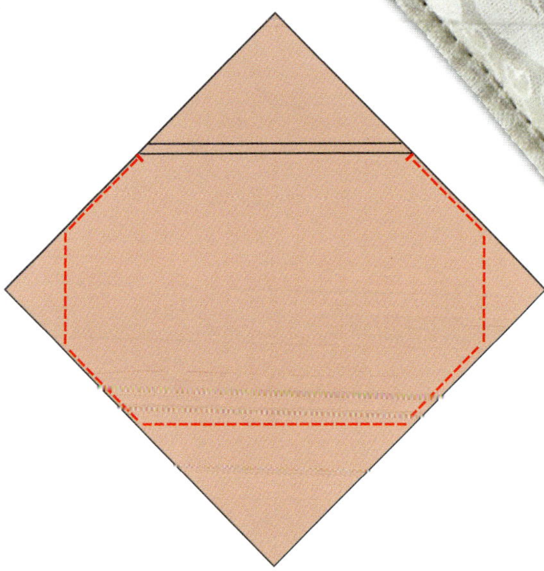

------- Ligne de couture

Schéma 1

# La bourse d'Emérentiane

**Dimensions :** 20 x 32 cm (hors bandoulière)

## Fournitures

46 x 110 cm de tissu brun
46 x 110 cm de tissu écru
38 x 110 cm de tissu intérieur pour la tenue du sac
30 x 4 cm de voile thermocollant
4 anneaux en bois (rayon ameublement)
Fil assorti aux tissus
1 crayon visible sur le tissu écru
Colle en bâton

## Marche à suivre

Réserver 4 cm de tissu brun et 4 cm écru pour la bandoulière.

Couper et coudre 9 carrés magiques de 21 x 21 cm en suivant les explications pages 10 et 11.
Coudre 3 bandes de 3 carrés magiques comme expliqué page 12.
Assembler les 3 bandes pour obtenir 1 bloc de 9 carrés.
Réaliser les pliages, les coutures de maintien comme expliqué page 13 et les points de finition sur les pointes.
Poser le bloc de 9 carrés endroit contre la table et le positionner en suivant le **schéma.**

Epingler un côté sur l'endroit en suivant les flèches noires.
Coudre sur l'endroit à 2 mm du bord et arrêter à 2,5 cm des pointes en suivant les pointillés rouges du **schéma.**

Coudre les 3 autres côtés de la même façon.

Poser un anneau entre 2 pointes et fermer par un point à la main.

Coudre les 2 bandes de tissu brun et écru de 4 cm endroit contre endroit, retourner, surpiquer deux fois.

Passer dans les anneaux, ajuster la longueur et fermer.

**Variante :** ce petit sac change de forme selon la façon dont il est porté. Coudre 2 poignées à la place de la bandoulière et fermer par une pression ou un bouton afin d'obtenir un tout autre sac.

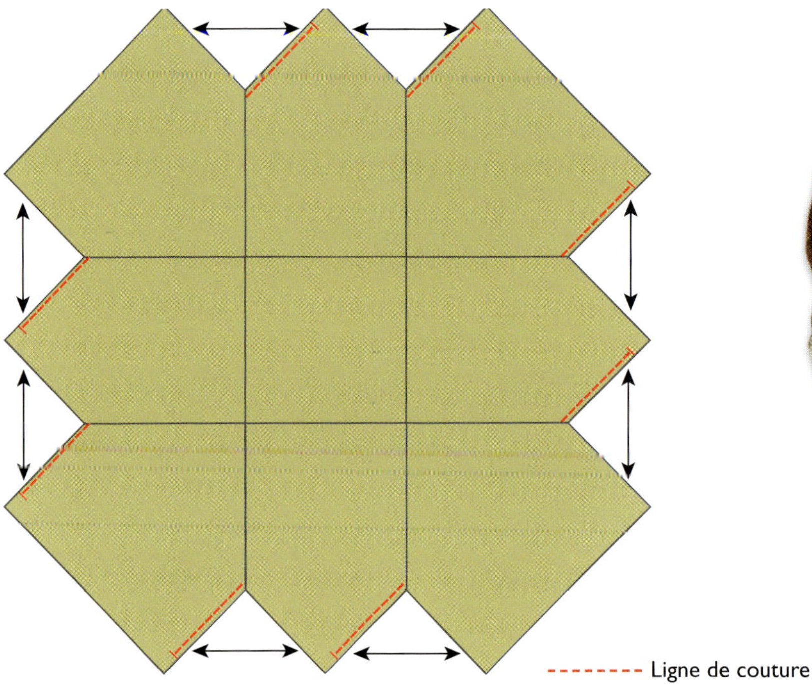

# Le cabas de Madeleine

**Dimensions :** 30 x 39 cm

## Fournitures

52 x 110 cm de tissu brique
52 x 110 cm de tissu brun imprimé
48 x 110 cm de tissu intérieur pour la tenue du sac
4 x 130 cm de voile thermocollant
1 paire de poignée disponible sur
www.bernadette-broderie-costume.com
Fil assorti aux tissus
1 crayon visible sur le tissu brique
Colle en bâton

## Marche à suivre

Couper et coudre 8 carrés magiques de 26 x 26 cm en suivant les explications pages 10 et 11.
Pour le tissu intérieur couper des carrés de 24 x 24 cm.
Assembler les carrés magiques comme expliqué page 12.
Coudre 2 carrés puis 1 bande de 4 carrés et coudre les 2 carrés qui restent.
Prendre la bande de 4 carrés, la poser endroit contre la table, coudre 2 carrés sur les 2 carrés du milieu en haut et les 2 autres en bas, en suivant le **schéma.**

Réaliser les pliages, les coutures de maintien et les points de finition comme expliqué page 13.

Poser le bloc de 8 carrés endroit contre la table et le positionner comme sur le **schéma.**

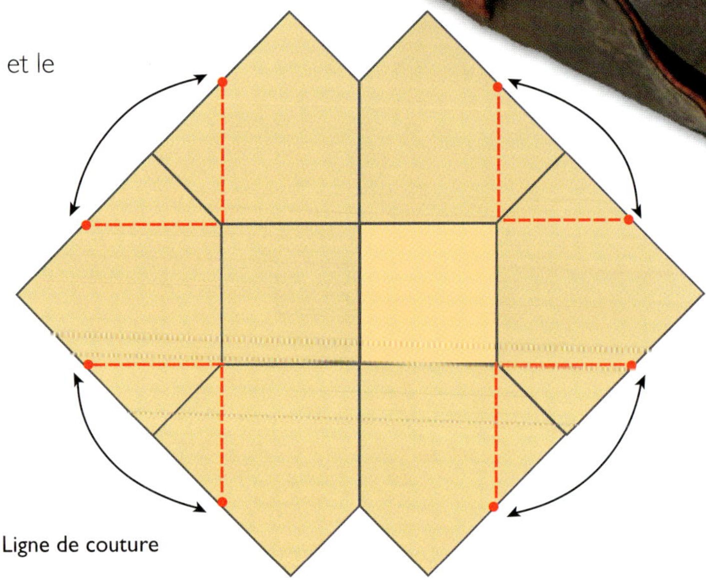

Assembler les points rouges, tracer un trait sur l'endroit en suivant les pointillés rouges (ligne de couture). Epingler et coudre sur le trait les 4 côtés de la même façon.

Terminer les pliages des côtés, les coutures de maintien et les points de finition sur les pointes.

Pour diminuer l'ouverture, assembler 2 côtés de triangles bord à bord et coudre sur 5 cm environ au bord du tissu, quatre fois.

Rabattre les 2 pointes de triangle de côté sur l'extérieur et fixer.

Coudre les poignées

**Variante :** ce sac peut être réalisé avec des carrés de 26, 30, ou 35 cm de côté, selon la grandeur désirée. Il est idéal pour transporter des livres ou des ouvrages de tricot, de couture, etc.

# Le fourre-tout d'Adélaïde

**Dimensions :** 28 x 58 cm environ

## Fournitures

84 x 110 cm de tissu bordeaux
84 x 110 cm de tissu imprimé
76 x 110 cm de tissu intérieur pour la tenue du sac
1 paire de poignées disponible sur
www.bernadette-broderie-costume.com
40 cm de voile thermocollant
Fil assorti aux tissus
1 crayon visible sur le tissu imprimé
Colle en bâton

## Marche à suivre

Couper et coudre 16 carrés magiques de 21 x 21 cm en suivant les explications pages 10 et 11.

Assembler les carrés magiques, en suivant les explications page 12. Réaliser 1 bloc de 4 carrés et 2 bandes de 6 carrés.
Assembler les 2 bandes de 6 carrés et coudre le bloc de 4 carrés sur les 2 carrés du milieu en s'aidant du **schéma 1**.

Réaliser les pliages, les coutures de maintien comme expliqué page 13 et les points de finition sur les pointes.

Poser le bloc de 16 carrés endroit contre la table et le positionner en suivant le **schéma 1**.
Assembler les points rouges, tracer un trait sur l'endroit en suivant les pointillés rouges (ligne de couture).
Epingler et coudre sur le trait. Réaliser les pliages, les coutures de maintien et les finitions des côtés que l'on vient de coudre.

Plier en superposant les triangles où seront placées les poignées selon le **schéma 2**.

**Finition des côtés :** rabattre les bords du rectangle au milieu en formant un pli, poser les pointes des 2 triangles qui restent sur chaque pli et coudre.

Rabattre les triangles de l'ouverture sur les poignées et fixer.

**Variante :** ce sac est très pratique pour ranger les aiguilles à tricoter. Pourquoi ne pas modifier les finitions des côtés en réalisant des fronces par exemple ?

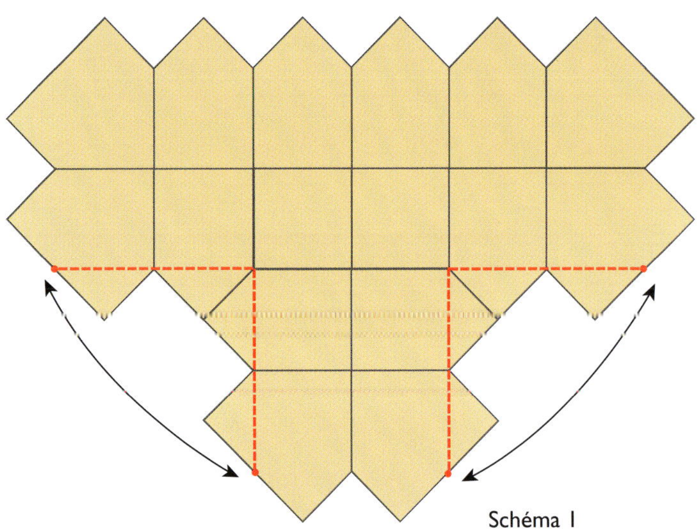

Schéma 1

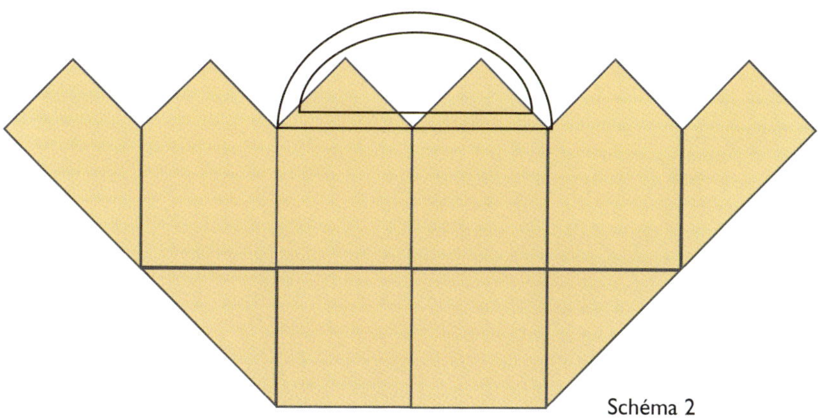

Schéma 2

# La pochette d'Adélaïde

**Dimensions :** 14 x 20 cm environ

## Fournitures

2 carrés de 21 x 21 cm de tissu imprimé
2 carrés de 21 x 21 cm de tissu bordeaux
1 fermeture à glissière de 15 cm
10 x 4 cm de voile thermocollant
Fil assorti aux tissus
1 crayon visible sur le tissu

## Marche à suivre

Coudre 2 carrés magiques de 21 x 21 cm en suivant les explications pages 10 et 11.
Il n'y a pas de tissu intérieur pour les pochettes.

Pose de la fermeture : marquer la moitié de 2 côtés sur 1 carré, tracer un trait, plier au fer sur le trait, poser le pli sur un côté de la fermeture, épingler à l'intérieur du pli et coudre.
Se reporter page 16 photos 5 et 6. Coudre le deuxième carré de la même façon sur l'autre côté de la fermeture.

Poser les 2 côtés l'un sur l'autre.
Marquer la moitié des 2 grands côtés restants, tracer un trait horizontal.

Faire une marque à la moitié des pointes de côté et tracer un trait en biais à partir de la fermeture. Suivre les pointillés rouges du schéma.

Coudre à partir de la fermeture sur le trait et continuer la couture tout autour de la pochette.

Rabattre toutes les pointes sur l'endroit de chaque côté de la pochette et fixer avec un point.

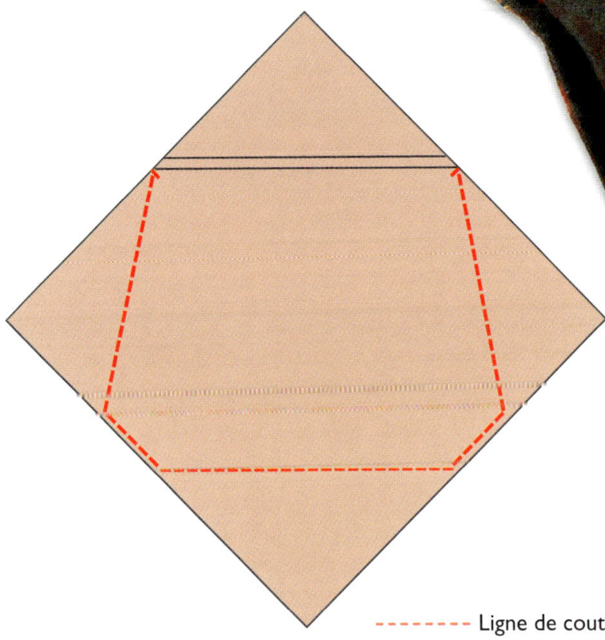

# Le sac de Dominique

**Dimensions :** 19 x 35 cm environ (hors bandoulière)

## Fournitures

49 x 110 cm de tissu brique
42 x 110 cm de tissu écru
38 x 110 cm de tissu intérieur pour la tenue du sac
30 x 4 cm de voile thermocollant
Fil assorti aux tissus
1 m de tresse de coton de 3 cm de large
1 fermeture à glissière de 40 cm
4 boutons fantaisie
Colle en bâton

## Marche à suivre

Réserver 7 cm de tissu pour la bandoulière.

Couper et coudre 9 carrés magiques de 21 x 21 cm en suivant les explications pages 10 et 11.
Coudre 3 bandes de 3 carrés magiques comme expliqué page 12.
Assembler les 3 bandes pour obtenir 1 bloc de 9 carrés.
Réaliser les pliages, les coutures de maintien et les points de finition sur les pointes en suivant les explications page 13.

Poser le bloc de 9 carrés endroit contre la table et le positionner en suivant le **schéma 1.**

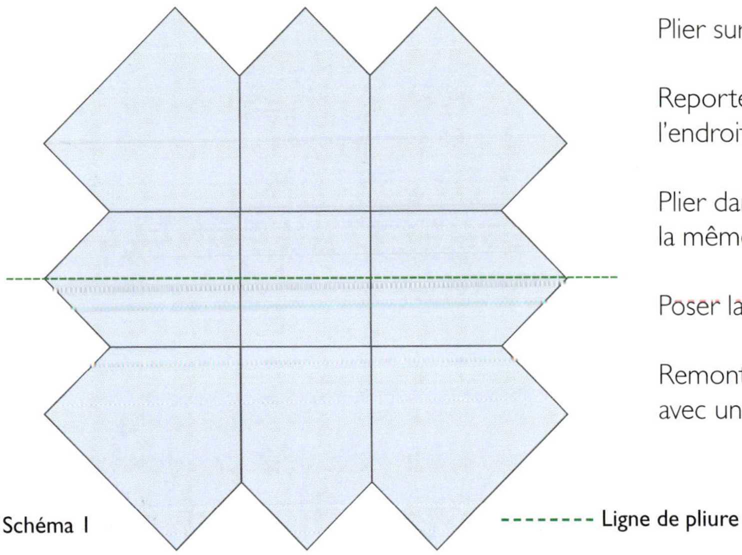


Schéma 1

Plier sur l'endroit selon la ligne verte du **schéma 1**.

Reporter le tracé de la ligne rouge (**schéma 2**) sur l'endroit du tissu et coudre les 2 côtés.

Plier dans l'autre sens et coudre les 2 autres côtés de la même façon.

Poser la fermeture à glissière comme expliqué page 16.

Remonter les pointes des triangles vers le haut et fixer avec un bouton.

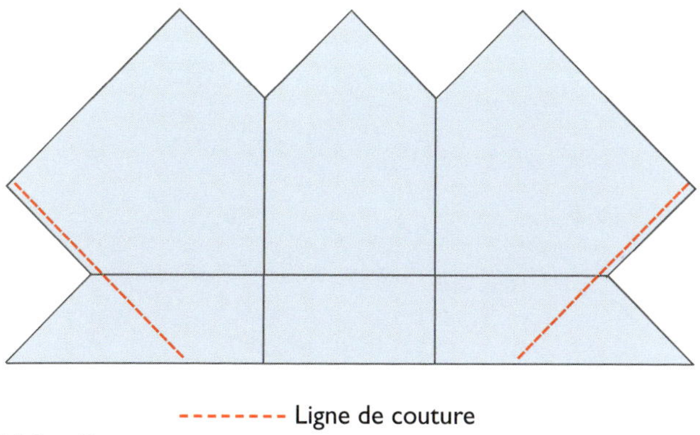


Schéma 2

**Bandoulière :** recouvrir la tresse de coton avec le tissu brique, surpiquer deux ou trois fois.
Fixer sur un côté du sac, ajuster la longueur et fixer l'autre côté.

**Variante :** remplacer les boutons par des perles ou des grigris pour changer l'allure de votre sac.

# Le sac de Thomine

**Dimensions :** 17 x 36 cm environ

## Fournitures

42 x 110 cm de tissu bleu marine
42 x 110 cm de tissu écru
38 x 110 cm de tissu intérieur pour la tenue du sac
1 fermeture à glissière de 40 cm
30 x 4 cm de voile thermocollant
Fil assorti aux tissus
1 crayon visible sur le tissu couleur marine
1 paire de poignées et une perle cœur en bois disponibles sur www.bernadette-broderie-costume.com
1 petit morceau de laine bleue marine
Colle en bâton

## Marche à suivre

Couper et coudre 9 carrés magiques de 21 x 21 cm en suivant les explications pages 10 et 11.
Coudre 3 bandes de 3 carrés magiques comme expliqué page 12.
Assembler les 3 bandes pour obtenir 1 bloc de 9 carrés.
Réaliser les pliages, les coutures de maintien comme expliqué page 13 et les points de finition sur les pointes.

Poser le bloc de 9 carrés endroit contre la table et le positionner en suivant le **schéma.**

Epingler un côté sur l'endroit en suivant les flèches noires.
Coudre sur l'endroit à 2 mm du bord ; les pointillés rouges du schéma sont les lignes de couture.
Coudre les 3 autres côtés de la même façon.

Plier en suivant la ligne verte du schéma et poser la fermeture à glissière au bord du tissu comme expliqué page 16.
La fermeture doit dépasser de plusieurs centimètres à l'intérieur du sac. Il faut l'ouvrir, ainsi il n'y aura pas de problème pour la couture d'angle. Passer le morceau de laine dans la perle cœur et la nouer à la fermeture à glissière.

Faire une ouverture dans les coutures et coudre les anses.

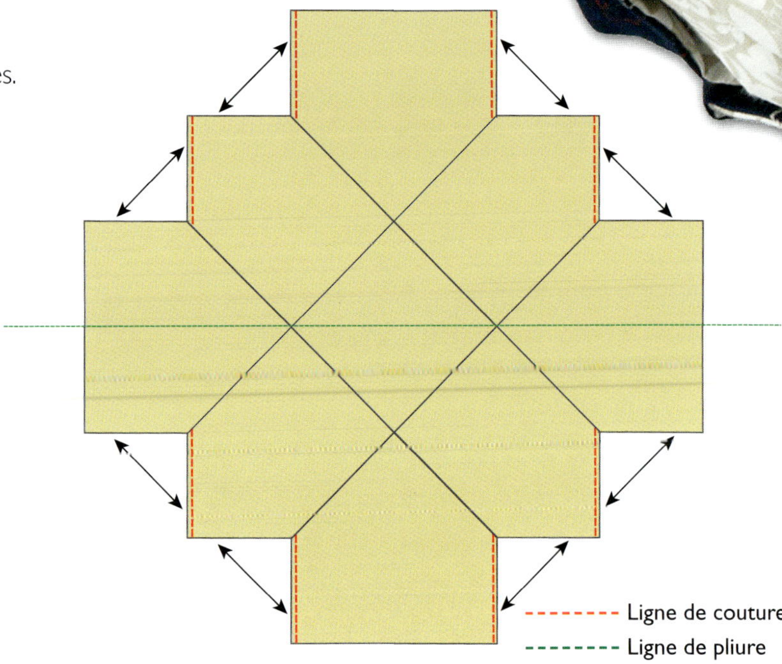

# Le sac de Virginie

**Dimensions :** 17 x 36 cm environ (hors bandoulière)

## Fournitures

49 x 110 cm de tissu imprimé
42 x 110 cm de tissu bleu ciel
38 x 110 cm de tissu intérieur pour la tenue du sac
1 m de tresse de coton de 3 cm de large
30 x 4 cm de voile thermocollant
1 bouton fantaisie ou un petit cœur en bois disponible sur www.bernadette-broderie-costume.com
Fil assorti aux tissus
1 crayon visible sur le tissu imprimé
Colle en bâton

## Marche à suivre

Réserver 7 cm de tissu imprimé pour la bandoulière.

Couper et coudre 10 carrés magiques de 21 x 21 cm en suivant les explications pages 10 et 11.

Coudre 2 bandes de 4 carrés et les assembler (voir page 12) pour obtenir 1 bloc de 8 carrés.
Ajouter 1 carré de chaque côté sur les carrés numéro 3.

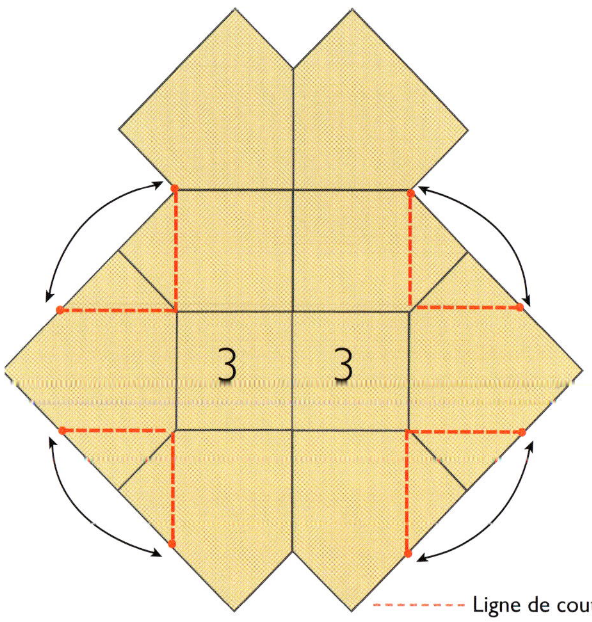


Réaliser les pliages, les coutures de maintien et les points de finition en suivant les explications page 13.

Poser le travail endroit contre la table selon le **schéma.** Assembler les points rouges, tracer un trait sur l'endroit en suivant les pointillés rouges (ligne de couture). Epingler et coudre sur le trait. Coudre les 4 côtés de la même façon.

Réaliser les pliages des côtés et les finitions.

Rabattre les triangles de l'ouverture et du rabat du sac sur l'extérieur, réaliser les pliages et les finitions. Coudre un pli de 3 cm sur les côtés pour diminuer l'ouverture.

Avec la bande de 7 cm de tissu, recouvrir la tresse de coton, surpiquer deux fois.

Coudre la bandoulière sur un côté du sac, ajuster la longueur et coudre l'autre côté.
Dans une chute de tissu bleu ciel, faire un passant pour le rabat du sac et le fixer en cachant les extrémités dans le pliage des triangles.

**Variante :** la bandoulière peut être simple ou réglable. Aimant, gros bouton, brandebourg ou cœur en bois peuvent servir de fermeture.

# La besace d'Angeline

**Dimensions :** 33 x 50 cm cm environ (hors anse)

## ■ Fournitures

84 x 110 cm de tissu vert pâle
84 x 110 cm de tissu ocre
76 x 110 cm de tissu intérieur pour la tenue du sac
1 paire de poignées disponible sur
www.bernadette-broderie-costume.com
40 x 4 cm de voile thermocollant
Fil assorti aux tissus
1 crayon visible sur le tissu vert
Colle en bâton

## ■ Marche à suivre

Couper et coudre 16 carrés magiques de 21 x 21 cm en suivant les explications pages 10 et 11.

Assembler les carrés magiques, comme expliqué page 12. Réaliser 1 bloc de 4 carrés et 2 bandes de 6 carrés.

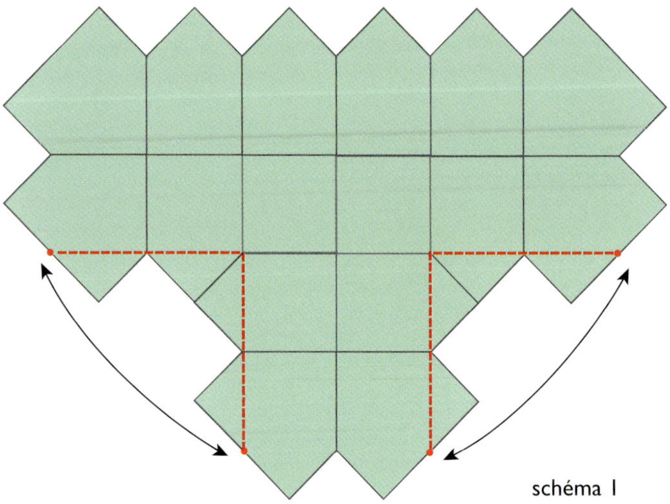

schéma 1

Assembler les 2 bandes de 6 carrés sur la largeur et coudre le bloc de 4 carrés sur les 2 carrés du milieu.

Réaliser les pliages, les coutures de maintien comme expliqué page 13 et les points de finition sur les pointes.

Poser le bloc de 16 carrés endroit contre la table et le positionner suivant le **schéma 1**.
Assembler les points rouges, tracer un trait sur l'endroit en suivant les pointillés rouges (ligne de couture).
Epingler et coudre sur le trait. Réaliser les pliages, les coutures de maintien et les finitions des côtés que l'on vient de coudre.

Plier en superposant les 2 rectangles où seront posées les poignées en s'aidant du **schéma 2**.

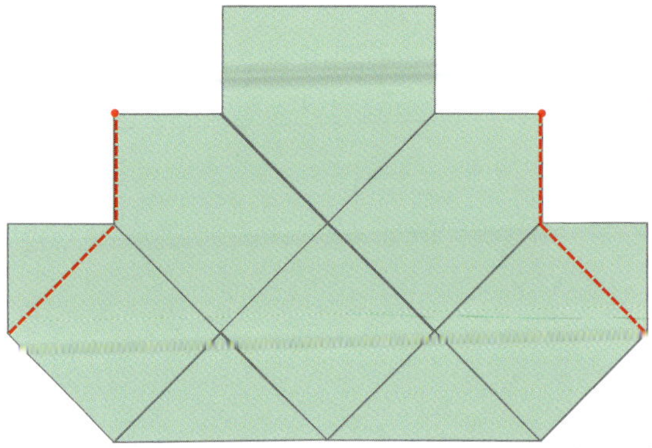

schéma 2

Epingler et coudre sur l'endroit, bord à bord puis en diagonale en suivant les pointillés rouges (ligne de couture).
Poser les poignées, rabattre le rectangle de tissu et surpiquer au bord.

-------- Ligne de couture
-------- Ligne de pliure

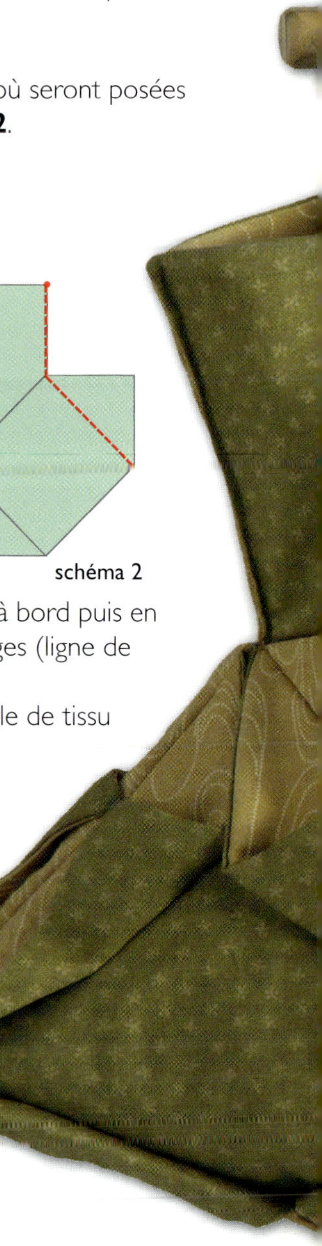

# La corbeille

**Dimensions :** 26 cm de diamètre environ,
13 cm de hauteur

## Fournitures

42 x 110 cm de tissu rouge
42 x 110 cm de tissu blanc et rouge
38 x 110 cm de tissu intérieur pour la tenue de l'ouvrage
30 x 4 cm de voile thermocollant
Fil assorti aux tissus
1 crayon visible sur le tissu de dessus
Colle en bâton

## Marche à suivre

Couper et coudre 9 carrés magiques de 21 x 21 cm en suivant les explications pages 10 et 11.
Coudre 3 bandes de 3 carrés magiques comme expliqué page 12.
Assembler les 3 bandes pour obtenir 1 bloc de 9 carrés.
Faire les pliages, les coutures de maintien comme expliqué page 13 et les points de finition sur les pointes.

Poser le bloc de 9 carrés endroit contre la table et le positionner en suivant le **schéma 1.**

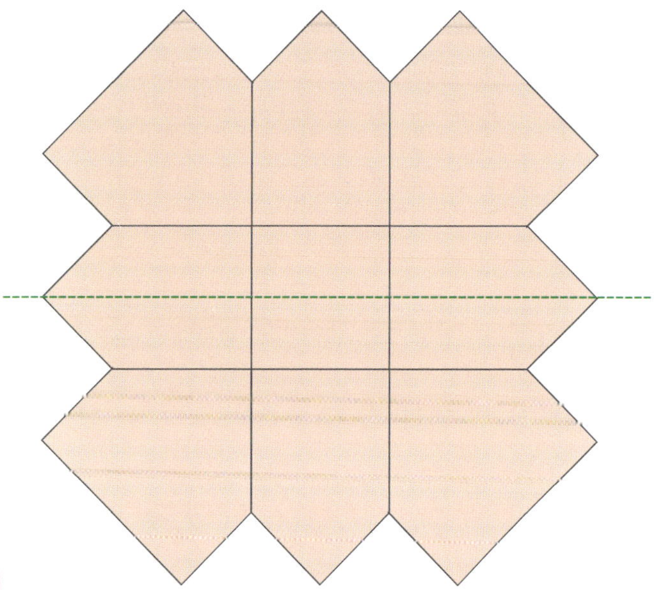

-------- Ligne de pliure

Schéma 1

Plier sur l'endroit selon la ligne verte du **schéma 1.**

Reporter le tracer de la ligne rouge sur l'endroit du tissu et coudre les 2 côtés en s'aidant du **schéma 2.**

Plier dans l'autre sens et coudre les 2 autres côtés de la même façon.
Replier les triangles pour former un bec aux 4 coins.

Rabattre le haut de la corbeille vers l'extérieur.

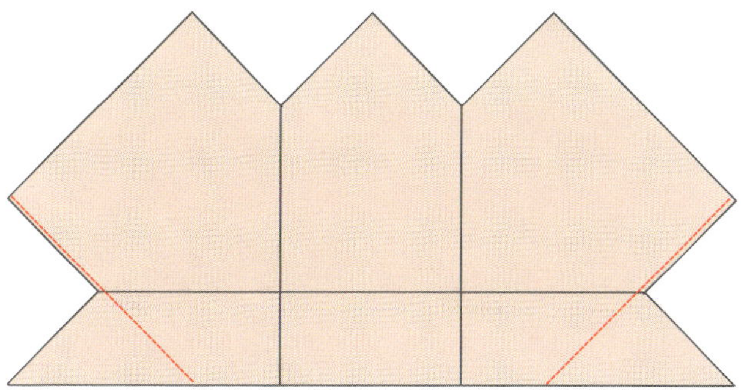


**Variante :** c'est un ouvrage rapide à confectionner qui peut aussi bien servir de vide-poche que de corbeille à ouvrages ou même de corbeille à pain. Il est aussi possible d'ajouter une déco dans les triangles des angles.

**LES EDITIONS DE SAXE**
**13 rue Jules Verne - CS 40205**
**69630 CHAPONOST**

**www.edisaxe.com**

N° Indigo 0 825 00 42 49
0,15€ TTC / MN


MLDI 162 - ISBN 978-2-7565-0718-7
Imprimé en France par Loire Offset Titoulet
1er tirage : avril 2011
Date d'achèvement du tirage : août 2011
Dépôt légal : à parution

***Créations :*** *Bernadette Favre*
***Photos :*** *Didier Barbecot*
***Maquette :*** *Clotilde Jenoudet*
***Dessins techniques :*** *Clémentine Marsot*

GCSE
# Geography
for WJEC A

Angela Calvert and Lubna Raza

HODDER EDUCATION
AN HACHETTE UK COMPANY

The Publishers would like to thank the following for permission to reproduce copyright material:
**Photo credits**
**p. 3, 5, 52** *all* © Andy Owen; **p.72** © blickwinkel/Alamy

Every effort has been made to trace all copyright holders, but if any have been inadvertently overlooked the Publishers will be pleased to make the necessary arrangements at the first opportunity.

Hachette UK's policy is to use papers that are natural, renewable and recyclable products and made from wood grown in sustainable forests. The logging and manufacturing processes are expected to conform to the environmental regulations of the country of origin.

Orders: please contact Bookpoint Ltd, 130 Milton Park, Abingdon, Oxon OX14 4SB. Telephone: (44) 01235 827720. Fax: (44) 01235 400454. Lines are open 9.00–5.00, Monday to Saturday, with a 24-hour message answering service. Visit our website at www.hoddereducation.co.uk


First published in 2014 by
Hodder Education,
An Hachette UK company
338 Euston Road
London NW1 3BH

Impression number 5 4 3 2 1
Year 2018 2017 2016 2015 2014



Cover photo: Volcanic crater, New Hebrides, Australasia © Larry Dale Gordon/zefa/Corbis

Illustrations by Integra Software Services Pvt. Ltd

Typeset in 12 on 14pt ITC Stone Sans Medium by Integra Software Services Pvt. Ltd., Pondicherry, India

Printed by Hobbs the Printers, Totton, Hants

A catalogue record for this title is available from the British Library

ISBN: 978 14718 35 339